AF242268

MÉMOIRE

SUR

L'ÉTIOLOGIE

DU PIED-BOT

Lu à l'Académie de Médecine, dans sa Séance du 26 novembre 1836.

MESSIEURS,

L'Orthopédie, naguère si négligée, ne figurait que pour mémoire dans les ouvrages de chirurgie, même les plus complets ; c'était comme à regret qu'on daignait lui consacrer un article bien court ; quelques lignes semblaient suffire à son importance, et les auteurs en parlaient, moins pour la décrire, que pour remplir un cadre tracé à l'avance. Pourquoi donc et oubli injuste ? pourquoi ces dédains ? C'est sans doute parce que les chirurgiens, habitués à ne voir leur art que dans les opérations qui réclament leurs mains armées du bistouri, n'ont voulu considérer l'Orthopédie que comme une œuvre purement mécanique et digne tout au plus de fixer l'attention de quelque ouvrier plus ou moins intelligent. Cependant, j'ai hâte de le dire, elle a été, dans ces derniers temps, amplement vengée du honteux oubli où elle était tombée, et grâce aux travaux de Scarpa, de Delpech, de MM. Geoffroy-Saint-Hilaire, Serres, Cruveilher et de beaucoup d'autres encore, qui n'ont pas dédaigné de s'en occuper, elle tient aujourd'hui un rang honorable dans les sciences médicales et forme à elle seule une importante spécialité. C'est quelque chose, en effet, que de réparer les mutilations forcées de la chirurgie; c'est quelque chose que de rendre à des organes les fonctions dont ils étaient privés, tout en corrigeant de hideuses difformités !

Sans nous arrêter plus longtemps à ces considérations générales et pour ne pas abuser de vos moments, nous allons, Messieurs, exposer le plus brièvement qu'il nous sera possible le sujet qui nous a déterminé à solliciter une lecture. L'étude particulière que nous avons faite des difformités et une pratique de vingt années, nous ont permis de rectifier, nous le croyons, quelques erreurs et de découvrir quelques vérités nouvelles ; mais nous ne croirons à leur importance et à leur réalité que lorsque vous leur aurez donné votre haute sanction. C'est donc aussi pour nous éclairer nous-même sur la valeur de notre travail que nous venons aujourd'hui le soumettre au jugement solennel de votre expérience et de votre impartialité.

Le pied-bot constitue, sans contredit, une des difformités les plus fréquentes et peut-être aussi une de celles qu'il est le plus difficile de bien guérir. Nous n'en voulons pour preuve que les moyens violents qu'on a proposés contre elle. Par cette raison nous nous occuperons d'elle tout d'abord. Au reste, l'occasion est favorable ; car nos idées doivent contraster singulièrement avec celles qu'on vient d'émettre, et la simplicité des moyens que nous proposons servira à faire ressortir davantage les dangers de ceux qu'on n'a pas craint de préconiser comme innocents et d'une facile exécution. Mais pour procéder avec méthode, et surtout pour moins fatiguer votre attention sur un sujet d'ailleurs si aride en lui-même, nous diviserons ce que nous avons à dire en trois parties différentes, qui feront chacune l'objet d'une courte lecture ; car nous ne parlerons que des points que nous croyons avoir éclaircis et qui nous paraîtront offrir quelque importance. Nous traite-rons, dans la première partie, de l'étiologie du pied-bot ; dans la deuxième, de son anatomie ; dans la troisième enfin, de son traitement.

PREMIÈRE PARTIE.

ÉTIOLOGIE DU PIED-BOT.

La difformité qui constitue le pied-bot, comme l'ont dit tous les auteurs, peut être congéniale ou acquise. Nous avons essayé, en réunissant nos recherches à celles que la science possédait déjà, d'établir un rapport exact, au point de vue de leur fréquence relative ; mais malheureusement il nous a été impossible d'arriver à un résultat positif : nous n'avons pas de données suffisantes, et, pour nous, le problème reste encore à résoudre.

Nous ne voulions d'abord parler que du pied-bot congénial, parce qu'il offre plus d'importance que l'autre, parce que son traitement, quoique plus facile, exige plus de soins et de mé-nagements ; cependant, pour compléter notre travail, nous croyons devoir dire aussi quelques mots sur l'accidentel, mais nous nous en tiendrons à des aperçus généraux.

Il est un certain nombre de professions qui favorisent le développement du pied-bot accidentel et qui concourent à faire faire des progrès plus rapides à celui qui vient de naissance. Ainsi, par exemple, les tailleurs, par suite de la situation particulière qu'ils prennent pendant leur travail, nous ont paru offrir un léger renversement du pied en dedans, même ceux qui à leur naissance avaient cet organe dans des proportions et une direction parfaitement normales. On conçoit du reste facilement comment la situation dont nous venons de parler peut amener de pareils résultats. Il est évident, en effet, que le pied se trouve constamment dans une direction vicieuse, et que la majeure partie du poids de la jambe agissant sur son bord externe doit nécessairement tendre à la renverser un peu du côté opposé.

L'exercice prématuré de la danse favorise le développement du pied équin et chez un grand nombre de danseurs de profession, le calcanéum sans cesse sollicité en haut par des muscles vigoureux nous a paru offrir un léger allongement marqué dans son extrémité postérieure et un léger effacement de la voûte qu'il forme inférieurement. Chez un grand nombre aussi le pied est comme ramassé, quoique très-régulier, et l'articulation tibio-tarsienne se trouve située sur un plan *en apparence* plus antérieur que sur les pieds ordinaires, comme si, par suite d'une station prolongée sur la pointe du pied, le poids du corps avait fait glisser en avant les extrémités inférieures du tibia et du péroné. Les pieds généralement petits et bien faits de nos Parisiennes se rapprochent un peu de cette conformation : ne pourrait-on pas l'attribuer à une cause analogue ? En effet, elles sautent plutôt de pavé en pavé et sur la pointe du pied, qu'elles ne marchent régulièrement.

Le pied-bot congénial, quelque difforme qu'il soit au moment de la naissance, n'est jamais porté si loin qu'on ne puisse facilement, dans les premiers temps, le ramener, à l'aide de la main, presque à sa direction normale. Jusqu'ici, en effet, les ligaments lâches et peu résistants se prêtent faci-

lement aux tractions qu'on exerce sur eux et les os peu modifiés dans leur configuration naturelle n'y apportent que de
faibles obstacles; mais aussi, par une sorte de compensation
malheureuse et précisément à cause de cette structure même,
les causes les plus légères en apparence peuvent avoir des résultats funestes, car les déviations sont d'autant plus faciles
que les surfaces articulaires sont plus aptes à glisser les unes
sur les autres, et par conséquent à quitter leurs rapports naturels. Dans ces circonstances et même sans qu'il y ait aucun
changement appréciable dans la forme du pied, un emmaillottement mal fait et la pression exercée par le bras de la
nourrice suffisent pour commencer une difformité à laquelle
des causes nouvelles viendront bientôt ajouter. Parmi ces
dernières, la marche prématurée est sans contredit la plus
puissante. Alors, en effet, le poids du corps et les muscles
eux-mêmes en agissant dans une direction qui n'est plus celle
que la nature leur avait primitivement assignée, concourent
d'une manière fort active au renversement en question. Ajoutons encore le développement organique des parties, qui alors
est dans toute sa force et qui, se poursuivant sur des os déjà
mal harmonisés, aide aussi, dans quelques circonstances,
sinon à les déformer encore, du moins à rendre leur réduc-
tion ultérieure d'une difficulté plus grande.

Les spasmes des muscles, leurs contractures ou leur paralysie partielle, doivent être rangés parmi les causes les plus
propres à produire le pied-bot accidentel. Les cas de ce genre
sont si fréquents, ces causes sont si généralement admises que
c'est à peine si nous osons en citer des exemples. Nous rap-
pellerons cependant que M. Blandin a vu une jeune fille chez
laquelle il survint un *varus* par suite d'un coup violent qui
contondit le nerf sciatique poplité interne sur le col du péroné.
L'adduction était due évidemment ici à l'action, non équili-

brée, des muscles adducteurs. Nous rapporterons également un cas remarquable de ce genre, que nous devons à l'obligeance du Dr Arnal : il s'agit d'un blessé de juillet 1830. La balle, en traversant supérieurement l'espace inter-osseux, atteignit dans sa route le nerf tibial ; d'après le diagnostique porté par Dupuytren, de là paralysie presque complète de la plupart des muscles de la partie postérieure de la jambe ; il survint consécutivement à cette lésion un renversement du pied en dehors (*valgus*). Le blessé reçu à la maison de convalescence de Saint-Cloud, où le Dr Arnal eut l'occasion de l'observer, ne présenta d'abord qu'une difformité peu considérable ; mais plus tard le renversement devint complet malgré un appareil qu'on appliqua dans le but de s'y opposer.

Delpech cite un exemple de pied-bot très-prononcé par suite de douleurs aiguës, développées à la cuisse, qui s'étendirent aux muscles de la jambe et qui en amenèrent la contracture. Les plaies avec perte de substance produisent quelquefois des résultats analogues ; de même les abcès profonds. Nous avons traité un sujet chez lequel une succession d'accidents de ce genre à la partie postérieure de la jambe nécessita un grand nombre d'incisions : des adhérences aux os et une rétraction considérable des muscles en furent la conséquence ; et le renversement du pied fut porté à un degré extrême. Nous dirons plus tard comment nous sommes parvenus à en obtenir la guérison.

Quelquefois l'aponévrose plantaire elle-même, assurent quelques auteurs, soit qu'elle se rétracte, soit que son développement ne réponde pas exactement à celui des autres parties constituantes du pied, devient cause prédisposante du renversement. Nous ne serions pas embarrassé d'en citer un grand nombre d'exemples ; qu'il nous suffise de dire ici, en peu de mots, que nous réprouvons toute opération sanglante pratiquée dans le but de vaincre la résistance de cette aponévrose, parce que nous sommes toujours parvenu jusqu'ici à la maîtriser en lui apposant des appareils convenablement disposés; nous en dirons autant pour la main. Le bistouri est plus expéditif sans doute dans l'un et l'autre cas; mais il est loin d'être toujours innocent, et s'il convient mieux à l'amour-propre des chirurgiens, il n'en est pas de même pour l'intérêt du malade, devant lequel toute considération personnelle doit s'effacer. Nous montrerons même plus tard en quoi l'emploi des machines doit être préférable.

Les fractures de la malléole externe, mal traitées et mal consolidées, les caries des os qui concourent à l'articulation tibio-tarsienne, les entorses négligées, les chaussures mal faites, etc., sont autant de causes qui nous ont paru propres à produire la difformité qui nous occupe; enfin, il n'en est pas jusqu'aux ulcères, plaies, cors, ou toute autre tumeur située sur le bord externe ou à la plante du pied, qui, en forçant les malades de marcher dans une direction vicieuse, pour prévenir la douleur, ne puissent à la longue produire des résultats analogues.

Si nous avons cité cette série de causes, c'est que nous avons eu l'occasion d'observer dans notre clientèle particulière ou dans les hôpitaux des cas de pieds-bots produits par chacune d'elles; sans cela nous n'en aurions pas parlé. Mais en voilà assez sur ce sujet que nous n'avons voulu qu'ébaucher et passons immédiatement au pied-bot congénial.

PIED-BOT CONGÉNIAL.

Tous les auteurs qui ont écrit sur les difformités, se sont efforcés, avec des chances diverses, de découvrir le véritable mécanisme de la formation du pied-bot. Les uns, pleins de confiance et obéissant, sans doute malgré eux, à des idées préconçues, ont hardiment posé des principes que l'expérience a cependant démentis peu de temps après ; d'autres, plus modestes et plus prudents, ont avoué leur impuissance et se sont contentés d'émettre des doutes et des conjectures ; ceux-ci, s'abandonnant aux inspirations de leur imagination, ont créé l'explication au lieu de la chercher ; ceux-là, moins heureux encore, sont tombés dans des suppositions absurdes, également réprouvées par les faits et la sage interprétation des lois qui régissent l'organisation ; c'est, du reste, ce qu'il nous sera facile de démontrer en jetant un coup d'œil rapide sur les divers auteurs qui se sont occupés du sujet dont il s'agit.

HIPPOCRATE, qui, le premier parmi les anciens, a parlé clairement du pied-bot, prouve, par ce qu'il en dit en divers passages, mais particulièrement dans son Traité *de articulis*, qu'il avait une très-bonne idée de ce genre de difformité. Il indique aussi les moyens qu'il croit le plus propres à en obtenir la guérison ; mais il ne s'est pas prononcé sur l'étiologie. Cependant il dit (Hipp. trad. d'après l'édit. de Foës, tome II, page 395, art. *de la Génération*) : « Il y a encore une manière » dont les enfants sont mutilés; c'est lorsque *la matrice est trop* » *étroite*. Les mouvements de l'enfant qui est fort tendre, se » passant dans un lieu où il est trop serré, il faut bien que les » membres s'y mutilent. Il en est ainsi des racines qui vien- » nent dans la terre ; quand il n'y a pas assez de fond ou qu'el- » les rencontrent quelques pierres ou quelque autre corps dur, » ne deviennent-elles pas toutes tortueuses, grosses dans un » endroit, minces dans l'autre ? Il en arrive de même au fœtus » dans la matrice, si quelque partie de son corps se trouve » plus serrée que l'autre. » Après lui les auteurs en ont à peine

fait mention et *Oribase*, cet intrépide mais fastidieux compi-
lateur, lui qui a décrit et figuré tant d'appareils et de machines inventés par l'esprit fécond des Grecs et des Alexandrins,
ne nomme pas même le pied-bot. Plus tard on ne s'en occupe
pas davantage, et il faut descendre jusqu'à *Amb. Paré* pour en
trouver, nous ne dirons pas une description, mais du moins
une indication suffisante. Pour prouver que ce célèbre chirurgien connaissait parfaitement ce genre d'affection, voyons plutôt ; il dit en effet : « Quelquefois ce vice vient dès le ventre
» de la mère, laquelle, pendant sa grossesse, s'est tenue trop
» longuement assise les jambes croisées, ou pour ce que la
» mère a tel vice, ou pour la mauvaise figure qu'aura tenue la
» nourrice envers l'enfant pour ne l'avoir pas tenu droit ou
» pour avoir pressé et tourné le pied contre sa figure natu-
» relle, etc. »

Nous ne nous arrêterons pas à réfuter les erreurs nombreuses contenues dans ces quelques lignes ; leur simple énoncia-
tion doit nous suffire. L'une d'elles, pourtant, mérite que nous
la signalions d'une manière particulière, non qu'elle soit importante, mais parce que, de notre temps encore, quelques auteurs ont tenté de lui donner du crédit : nous voulons parler
de l'hérédité du pied-bot ; toutefois qu'il nous suffise de la re-
pousser provisoirement. Plus tard, en la rattachant à la théorie que nous devons développer, nous indiquerons les raisons
qui nous ont déterminé à adopter une opinion précisément in-
verse de celle d'*Ambroise Pare*.

Dionis, qui a consacré un article, du reste fort court, sur la
difformité qui nous occupe, ne se prononce pas sur la cause
qui peut produire celle de naissance. Il accepte le fait sans
chercher à en donner l'explication ; cependant il est facile de
juger, par un exemple qu'il cite, qu'il serait assez disposé à
considérer le pied-bot comme un résultat de l'imagination de

la mère. Il parle en effet, à ce propos, d'un de ses parents dont la mère, assure-t-il, grosse de lui, avait regardé attentivement un gueux qui avait le pied tout à fait tourné en dedans, puis il ajoute : *car il naquit avec un pied fait comme celui du gueux.* On sait aujourd'hui à quoi s'en tenir sur ces prétendus effets de l'imagination de la mère. Nous n'insisterons pas davantage, puisque nous verrons que tout s'explique parfaitement par la simple intervention d'une cause purement mécanique; nous dirons seulement, sans crainte de nous tromper, que Dionis, trop préoccupé des idées de son époque, a eu tort de trouver une corrélation de cause à effet, là où il n'y avait qu'une bizarre coïncidence, et que dans tout cela son imagination a beaucoup plus fait que celle de sa parente.

Duverney cherchant à se rendre compte de la cause des déviations des pieds, croit en dire assez en avançant qu'ils sont ainsi contournés par la mauvaise situation qu'ils sont obligés de garder dans la matrice. Sans doute; mais quelle est la cause de cette mauvaise situation ? C'est ce qu'il ne dit pas; or c'est là qu'est toute la question. Il dit plus loin que cela arrive également par la faute de la sage-femme qui, dans une couche laborieuse, manie trop rudement les membres de l'enfant, en change et en corrompt la figure. Mais cette explication est évidemment inadmissible. Si en effet des efforts trop violents et mal dirigés peuvent produire des luxations, ils ne sauraient en aucun cas produire l'ensemble des phénomènes qui constituent le pied-bot. Ces changements de forme sont trop différents l'un de l'autre pour qu'on puisse les confondre, et très-certainement si les pieds n'avaient souffert que des tractions vicieuses de la part de la sage-femme, si leurs nombreuses surfaces articulaires n'avaient déjà subi quelques modifications plus ou moins profondes, les organes reprendraient vite et facilement leur disposition normale. Ajoutons une dernière considération contre l'opinion de Duverney ; c'est qu'on voit tous les jours des enfants affectés de pieds-bots naître de femmes qui ont accouché naturellement et en quelques efforts. Enfin cet auteur, comme s'il avait douté lui-même de la réalité de l'explication précédente, a cru devoir ajouter plus loin la considération qui suit : « Ces contorsions, dit-il, dépendent uni-» quement de l'inégale tension des muscles et des ligaments ; » car ceux qui sont extrêmement tendus tirent de leur côté, » tandis que les autres obéissent à leur relâchement. » Nous passerions volontiers sur les contradictions évidentes qui règnent dans tout ce que Duverney a écrit sur le pied-bot ; mais nous dirons que son dernier raisonnement manque de logique : il a pris ici la cause pour l'effet. Cette erreur a été du reste relevée et combattue par Scarpa, et dans ces derniers temps Delpech lui a vainement prêté l'appui de son talent et l'assurance toute méridionale de ses affirmations. Les objections que le professeur de Pavie a fait valoir contre l'opinion de Duverney s'appliquent donc parfaitement à celle de Delpech puisqu'elle est identiquement la même.

Desbordeaux, dans sa *Nouvelle Orthopédie*, a dit (page **126**) qu'il arrive quelquefois que, faute d'un espace suffisant dans le sein de leur mère, les enfants naissent pieds-bots. Il y a déjà là une opinion un peu plus avancée que celle des auteurs précédents ; mais encore, pour être juste, devons-nous faire remarquer qu'Hippocrate en avait dit à peu près autant, bien avant lui. Il est dommage que Desbordeaux n'ait pas su mettre à profit les progrès que la science avait faits à son époque ; qu'il se soit arrêté en route, qu'il n'ait dit que la moitié de ce qu'il devait dire et qu'il n'a pas cherché à se rendre raison de la cause de ce manque d'espace, qu'il croit propre à produire les déformations des pieds. Au lieu d'embrasser la question et de la résoudre, il a mieux aimé la tourner ; la tâche qu'il a choisie était en effet plus commode et plus facile.

Scarpa, malgré son beau travail sur les pieds-bots, malgré ses nombreuses recherches , n'ose cependant pas se prononcer sur la cause première de cette déformation. Il accepte l'opinion générale, mais encore ne l'accepte-t-il que sous la forme du doute, car il dit : « Si maintenant, avec la majeure partie » des chirurgiens , on *suppose* que la torsion du pied en de- » dans provient d'une mauvaise situation forcée de l'enfant » dans la matrice, etc. » Nous sommes donc autorisé à conclure de ce qui précède que Scarpa lui-même a ignoré la véritable cause du pied-bot.

Duverney et *Delpech*, comme nous venons de le voir , ont considéré le raccourcissement originaire des muscles et des ligaments comme la cause première des déviations. *Scarpa*, au contraire, soutient que la torsion vicieuse des os du tarse commence ; qu'il résulte de là un rapprochement du point d'insertion de quelques muscles , l'éloignement de quelques autres , que l'harmonie de leur action se trouve ainsi rompue et que par suite l'effort musculaire s'ajoute aux autres causes de déviation et cela dans un rapport proportionnel à l'étendue actuelle de la déformation. Cette manière de considérer la question est certainement plus rationnelle et plus vraie , et cependant elle nous paraît encore avoir, même sous cette forme, un sens trop large , trop général. Nous pensons en effet (et notre opinion est fondée sur une longue expérience) que l'action musculaire ne pourrait, dans la majeure partie des cas, intervenir efficacement dans la production de la difformité dont il s'agit que par l'aide d'autres causes, telles, par exemple, qu'un emmaillottement mal fait et la marche prématurée. Nous dirons à l'appui de notre manière de voir qu'il existe, dans l'économie animale, une force innée, toujours active, qui est chargée de donner aux organes la direction la plus favorable au libre exercice de leurs fonctions et que pour cela nous nommérions volontiers *Euthétique*, force qui lutte sans cesse contre les causes extérieures de déviation et qui toujours en atténue l'effet ; force enfin qui suffit souvent à elle seule pour faire disparaître des difformités contre lesquelles l'art est resté impuissant. Eh bien ! cette force, dont les auteurs n'ont pas tenu compte, nous a paru, dans maintes circonstances, suffisante pour redresser spontanément des pieds-bots de naissance dont le renversement n'était pas extrême, et pour cela il nous a suffi d'abandonner les membres à toute la liberté de leurs mouvements et d'éviter, bien entendu, les causes extérieures qui auraient pu contrarier son action réformatrice. Enfin les muscles eux-mêmes, malgré leur tendance vicieuse, se sont soumis à sa toute-puissance.

Comme on le voit, nous sommes déjà loin de l'opinion généralement reçue ; mais n'anticipons pas, nous parlerons plus tard de cette force. Ce n'est pas ici le lieu d'entrer dans les développements auxquels elle peut prêter. Qu'on pense bien pourtant que notre intention n'est pas de soutenir qu'elle pourrait être suffisante dans toute espèce de cas, ce serait une exagération à laquelle nous n'avons jamais songé ; très-certainement elle serait impuissante pour ramener à leurs rapports naturels des surfaces articulaires qui se seraient presque entièrement abandonnées ou qui auraient disparu ; nous entendons parler seulement des pieds-bots pris au moment même de la naissance et vierges de toute influence extérieure. A cette époque, en effet, les os du tarse ne sont, le plus souvent, que très-légèrement modifiés dans leurs configurations normales. Cela dit, revenons à l'examen historique que nous avons entrepris.

M. *Divernois*, dans son essai sur la torsion des pieds, n'a pas été plus heureux que les auteurs précédents : il n'a fait que répéter ce qu'ils avaient dit eux-mêmes, et malgré le retentissement qu'il a su donner à sa monographie, nous n'y avons pas pu trouver une seule idée qui nous ait paru digne d'être rapportée. C'est du reste toujours la même manière de voir ; il ne trouve de causes au pied-bot congénial que dans une inégalité indéfinie des forces musculaires, et, pour nous servir de ses propres expressions, *dans une lésion quelconque des ligaments*. Mais quelle est la nature de cette lésion ? Sous quelle influence se produit-elle ? Il l'ignore, il n'en parle même pas. Divernois s'est payé de vains mots. Il ne s'est évidemment jamais occupé du pied-bot en médecin ; il n'a vu là qu'une occasion d'appliquer un appareil plus ou moins utile, et voilà tout.

Il est des idées tellement vraies, grandes, philosophiques, qu'elles résument admirablement tous les faits analogues et qui, ne s'attachant qu'aux caractères généraux, embrassent dans leur large étendue les choses, en apparence, les plus disparates et les plus opposées : telle est, par exemple, celle qui rapporte toutes les monstruosités à un arrêt de développement. Eh bien ! le pied-bot lui-même peut tout naturellement, et sans qu'il *soit* besoin de forcer les traits de ressemblance, être rattaché à cette belle et féconde théorie. Nous savons bien, cependant, qu'en s'en tenant à la stricte définition de l'arrêt de développement, la difformité qui nous occupe se prêterait avec peine, dans toutes ses variétés, à ce rapprochement ; car toutes ne représentent pas un état normal dans les premiers temps de la vie intra-utérine. Il est évident, en effet, que le renversement du pied en dehors offre au contraire un effet tout à fait anormal, quelle que soit l'époque de la vie à laquelle on l'observe ; mais, comme chacun sait, cette dernière espèce de pied-bot se manifeste très-rarement avant la naissance. Pour notre compte nous croyons qu'on ne doit pas ranger le pied équin parmi les difformités de naissance, et nous dirons que nous n'avons jamais eu l'occasion d'en observer un seul cas. Nous irons même plus loin et nous croyons pouvoir affirmer que les auteurs n'en ont pas rapporté un seul cas authentique ; nous n'en avons du moins trouvé aucun dans ceux que nous avons parcourus, et nous en avons cependant lu un grand nombre.

Au reste, il ne faut pas trop restreindre le sens qu'on doit attacher à l'arrêt de développement, mais l'étendre autant qu'il pourra s'y prêter, tout en restant dans les limites des rapports généraux : ainsi nous dirons qu'il y a arrêt de développement dans toutes les espèces de pieds-bots, parce que, comme l'ont observé Scarpa et Delpech, ces organes sont plus petits que les autres et comme atrophiés dans leur masse ; parce que, pris séparément, tous les os du tarse ne sont pas, à parité d'âge, aussi bien développés que dans les pieds bien conformés ; parce qu'il existe une différence relative au corps des os, à leurs saillies, à leurs tubérosités, à leur degré de solidité ; parce que la jambe elle-même, ordinairement bien conformée, est cependant quelquefois grêle dans sa totalité et particulièrement vers le milieu de son étendue et que les orteils n'ont pas, le plus souvent, la longueur voulue et sont comme ramassés sur eux-mêmes. Toutes ces différences dans le volume, le développement, sont faciles à constater chez les individus qui n'ont qu'un seul pied affecté de difformité. Enfin nous ajouterons, pour compléter ce tableau de ressemblance, que la majeure partie des monstres sont aussi affectés de pieds-bots. Il suffira, pour s'en convaincre, de jeter un coup d'œil sur les planches où M. *Geoffroy-Saint-Hilaire* les a fait représenter. Très-certainement ce n'est pas là une simple coïncidence.

Nous ajouterons que nous avons observé deux cas de *spina-bifida* chez des enfants affectés de pieds-bots.

Mais comment expliquer cet arrêt de développement dans le cas où le pied-bot est la seule difformité qui existe ? Quelle en est la cause directe, immédiate ? Nous ne pensons pas qu'il faille, à l'exemple de *Delpech*, en faire remonter la source à la moëlle épinière, et tout rapporter à un vice mal défini d'innervation musculaire. Les nerfs en effet, soit dit en passant, nous ont toujours paru, ainsi que nous le démontrerons plus tard, aussi développés, ou à peu près, que dans l'état ordinaire. Nous pensons, pour notre part, que l'arrêt de développement du pied doit trouver son explication dans la pression exercée par la matrice elle-même, comme on va le voir tout à l'heure, et dans la situation forcée dans laquelle se trouve l'organe dévié. Cette situation doit évidemment gêner, d'un côté, les fonctions du système nerveux ; d'un autre, celle des vaisseaux : or, il n'en faut pas davantage pour que le développement soit modifié ; ici tout s'explique sans effort. Voici du reste un exemple remarquable qui prouve, mieux que tout ce que nous pourrions dire, jusqu'à quel point une compression locale et un obstacle apporté à la circulation peuvent amener, chez le fœtus, des résultats funestes.

Un enfant que notre ami, le docteur Blandin, a observé avec nous, vint au monde ayant le cordon ombilical contourné trois fois sur la partie inférieure de la jambe gauche (*Voir* fig. 9). La compression exercée par le cordon avait été telle, qu'à l'âge de vingt-deux mois, lorsque nous avons examiné cet enfant, la jambe offrait encore trois sillons profonds qui persisteront certainement pendant toute sa vie. On aurait dit au premier abord, qu'à leur niveau, la peau et les muscles avaient été emportés circulairement jusqu'aux os ; mais ce n'était pas tout,

il y avait deux pieds-bots en dedans très-prononcés et un arrêt
de développement plus remarquable encore. Les orteils, presque tous dépourvus d'ongles , dépassaient à peine le niveau de la membrane inter-digitale ; le gros orteil du pied
droit et le second du même côté se faisaient surtout remarquer par une extrême petitesse ; ce pied dans sa totalité res-
semblait à une masse de chair informe. Enfin les mains elles--
mêmes avaient subi des déformations analogues, les doigts
étaient également privés d'ongles et plusieurs réunis par des
membranes à la manière des palmipèdes.

Nous ne tirerons, dans ce moment, aucune conséquence de
cette curieuse observation ; nous l'abandonnerons à des es-
prits plus habitués que nous à interpréter ces sortes d'écarts
de la nature et nous nous contenterons de faire remarquer
que la mère de cet enfant a éprouvé, du troisième au cin-
quième mois de sa grossesse, une douleur fixe sur un point
de l'abdomen ; que son ventre d'abord peu volumineux a pris
rapidement un accroissement assez considérable. Nous prions
de retenir cette circonstance parce qu'elle se rattache directement à la théorie que nous allons développer.

Quelques auteurs ont rapporté les déformations du pied à
une disposition originellement vicieuse des os du tarse, d'autres à l'insertion contre nature de l'un ou de plusieurs des
tendons puissants qui viennent s'y rendre. Nous ne saurions
pour notre compte accepter ni l'une ni l'autre de ces manières
de voir, parce qu'elles sont contraires à notre observation de
tous les jours ; parce qu'en admettant même leur possibilité,
elles ne peuvent être constatées que dans des circonstances fort
rares, et parce que ces prétendues causes se manifestent comme
de simples effets et avec les mêmes caractères, dans les cas
de pieds-bots accidentels.

Si nous ne craignions d'être trop longs, nous nous arrêterions également quelques instants à une opinion émise par *Delpech* et nous nous attacherions à en faire ressortir le peu de fondement; mais nous nous contenterons de l'énoncer. Cet auteur, en effet, poussé par le désir souvent dangereux de dire des choses nouvelles, a avancé que tout pied-bot commence par être équin, que ce dernier constitue la déviation préliminaire et que ce n'est que secondairement qu'il se renverse en dedans ou en dehors. Mais ce n'est là qu'une idée jetée au hasard et sans preuves, ce n'est nullement un fait constaté directement par l'observation. *Delpech* a pris pour une réalité ce qui n'était au fond qu'une conception de son esprit, qu'une simple supposition.

La plupart des auteurs modernes qu'il nous reste encore à examiner, n'ont pas été plus heureux que leurs prédécesseurs dans leurs recherches sur l'étiologie du pied-bot. *Dupuytren*, dans ses leçons orales, dit en effet que les causes qui peuvent déterminer ou favoriser le développement de pareilles déviations dans le sein de la mère, sont peu connues et peu faciles à apprécier. *Boyer* s'exprime à peu près de même. M. *Maisonnable* dit aussi : L'ignorance de la cause de la difformité qui nous occupe, etc. Ils n'en connaissent donc pas la cause réelle. Enfin M. le professeur *Cruveilher* a émis une opinion nouvelle sur cette étiologie jusqu'ici si obscure, mais ce n'est pas ici le lieu d'en parler, nous allons bientôt y revenir.

Telles sont, si nos recherches ne nous ont pas trompé, les idées principales que les auteurs ont tour à tour avancées sur la cause première du pied-bot congénial. Mais il ne suffit pas d'avoir indiqué en quoi elles nous semblent inadmissibles. Une tâche plus importante nous reste encore à remplir; c'est de prouver que nous avons mieux compris qu'on ne l'a fait jusqu'ici, la véritable étiologie de cette difformité ; or voici, en peu de mots, le résultat de nos observations et la théorie qui nous paraît en découler.

Cependant, avant d'aller plus loin, nous croyons devoir avertir que *Chaussier* avait soupçonné une partie des phéno-mènes que nous allons décrire. Déjà, en effet, il avait indiqué comme cause probable du pied-bot de naissance, la mauvaise situation du fœtus dans le sein de sa mère, la difficulté que la matrice a pu trouver à s'étendre et surtout le peu d'abondance des eaux de l'amnios dans les derniers temps de la grossesse. Cet observateur, du reste, n'a pas passé outre ; il n'a fait que soulever un coin du voile et il s'est contenté d'exprimer le désir que ses *suppositions* (car c'est ainsi qu'il s'exprime lui-même) soient vérifiées et soumises au creuset de l'expérience. Mais nous irons plus loin, et nous dirons que Chaussier n'est pas le premier qui ait soupçonné que l'absence des eaux de l'amnios pouvait devenir cause de pieds-bots ; quelques au-teurs ont cru l'entrevoir bien avant lui, mais comme lui aussi ils n'en ont parlé que sous la forme du doute, et comme d'une chose possible et nullement comme d'un fait démontré. *Dre-lincourt* est peut-être de tous celui qui est allé le plus loin à cet égard ; et cependant voyez combien son langage est vague, combien peu d'importance il ajoutait lui-même à ce grand fait qu'il se contente d'exprimer d'une manière générale et en quelques mots ! Il dit en effet (*Biblioth. anat.*, p. 753, Pé-rioche LIII) : « Nam utero sicco fœtum undique stringente, » cerei et flexibiles ejus artus mucosaque membra in pravam » omnino figuram detorquerentur. »

Le soupçon que nous venons d'indiquer était donc depuis longtemps acquis à la science ; mais, on en conviendra sans peine, c'était là une acquisition assez peu importante pour elle. Des soupçons, en effet, ne font pas ses progrès ; et s'il fallait rapporter à de simples suppositions l'honneur des résultats qu'elles ont pu provoquer, il n'est peut-être pas une seule découverte moderne qui fût la propriété exclusive de son inventeur : nos pères auraient réellement tout trouvé ; mais nous irons plus loin : nous accorderons volontiers, si l'on veut, que les auteurs que nous venons de citer ont droit à l'honneur de la première idée, bien qu'ils n'aient émis qu'un doute bien vague. On ne nous contestera pas du moins de l'avoir développée et fortifiée par des faits authentiques. Au reste, nous l'avouerons avec franchise, c'est le hasard seul et non la lecture des auteurs dont nous venons de parler, qui nous a mis sur la voie de l'étiologie que nous allons donner, et voici comment : ·

En 1823, un enfant nous fut adressé par le célèbre *Dupuytren.* Il venait de naître ; il était d'un volume assez considérable et était affecté de deux pieds-bots en dedans. En l'examinant avec attention, et en l'abandonnant à lui-même, nous fûmes frappé de la situation qu'il fit prendre à tout son corps ; c'était absolument celle qu'il avait dans la matrice. Les cuisses, en effet, se fléchirent sur le bassin, les jambes sur les cuisses, les pieds vinrent s'appliquer immédiatement sur les fesses, et le corps entier ne forma plus qu'un tout arrondi qui représenta un ovoïde parfait dont la tête constituait la grosse extrémité. On peut du reste en prendre une idée exacte par les figures 2 et 3. Nous les avons prises le jour même que nous avons observé l'enfant. Les pieds étant poussés l'un contre l'autre, notre première idée fut de rapporter cet effet à une pression exercée directement sur eux par la matrice, et nous pensâmes *à priori* que la mère n'avait dû rendre qu'une très-petite quantité d'eaux. Nos pressentiments ne nous avaient pas trompé. Nous étant transporté le lendemain chez l'accouchée, pour en obtenir les renseignements qui nous étaient nécessaires, nous avons recueilli les circonstances suivantes :

Cette femme avait une taille élancée; son ventre n'avait été que peu volumineux pendant tout le cours de sa grossesse; à dater du sixième mois elle avait ressenti une douleur fixe vers la région épigastrique, un peu à droite de la ligne médiane et une pesanteur continuelle vers le col de l'utérus; chaque mouvement de l'enfant lui faisait éprouver une sensation pénible dans divers points du ventre. L'accouchement avait du reste marché avec une lenteur insolite, et, au rapport de la mère, c'est à peine s'il s'écoula deux cuillerées de liquide amniotique lors de l'ouverture de la poche.

Tous ces renseignements, comme on le voit, répondaient parfaitement à nos prévisions : aussi dès ce moment n'avonsnous plus eu de doute ; l'absence des eaux de l'amnios nous expliquait, d'une manière suffisante, toutes les circonstances qui avaient accompagné la gestation, les lenteurs de l'accouchement et surtout le renversement des pieds.

Sur ce sujet en effet le pied droit reposait sur le gauche, ainsi que nous l'avons fait représenter. Il nous fut facile alors de comprendre comment les deux pieds, rencontrés par les parois de la matrice, avaient été renversés en dedans et étaient venus se croiser l'un sur l'autre : le premier, par le fait même de sa situation, se trouvant pour ainsi dire hors de rang et par conséquent exposé à une forte pression de la part de la matrice, lui avait cédé et avait continué à se renverser; par suite de ce renversement il s'était trouvé appliqué immédiatement sur le second, lui avait transmis sa propre impulsion et avait continué à le déjeter à son tour. Dès ce moment le mécanisme de la formation simultanée de deux pieds-bots nous était révélé.

Mais ce n'était évidemment là qu'une partie de ce qu'il fallait découvrir. Souvent, en effet, les enfants naissent avec un seul pied-bot ; or, comment se fait-il que l'autre reste dans son état normal? Quelle est la cause de cette différence? Pourquoi cette sorte de choix lorsque toutes les circonstances paraissent les mêmes pour l'un comme pour l'autre pied? Nous pensions bien que la cause devait nécessairement se trouver dans une situation particulière affectée aux deux pieds, mais ce n'était qu'une présomption, nous n'avions encore devers nous aucune preuve directe de la réalité de cette manière de voir : cependant dans le courant de la même année, six mois après environ, le hasard vint encore à notre secours et nous tira d'embarras. Un enfant nous fut présenté, il n'était âgé que de deux jours : il nous fut par conséquent facile de le pelotonner et de lui faire prendre la position qu'il avait dans la matrice ; il alla même au-devant de nos désirs, car il prit de lui-même cette position aussitôt que nous lui eûmes laissé toute la liberté de ses mouvements.

Nous reconnûmes alors que les deux jambes avaient été croisées dans la matrice, la droite passant au-devant de la gauche. Voici ce qui avait eu lieu : le pied gauche appuyant par son talon sur la fesse droite, n'avait pu subir aucune déformation , aussi offrait-il une configuration normale. Le droit, au contraire, était croisé au devant de l'autre de manière que son calcanéum reposait à faux sur la face dorsale de celui-ci, un peu au-dessous et en dehors de l'articulation tibio-tarsienne, juste au niveau du cuboïde. Il est résulté de là que la matrice venant à presser directement sur le pied droit, l'a renversé et a produit la difformité sur laquelle nous étions appelé à donner notre avis. Le pied gauche, nous le répétons, n'offrait rien de particulier, si ce n'est une dépression correspondant au point sur lequel le talon droit avait porté.

Tout se conçoit donc facilement ; il suffit de jeter un coup d'œil sur la fig. 4. Du reste la mère de l'enfant a éprouvé,

pendant sa grossesse, les mêmes symptômes que la précédente :
comme chez celle-ci, son ventre était petit, sa taille mince,
son bassin peu large ; comme chez celle-ci une douleur fixe
s'était fait sentir vers l'épigastre, même pesanteur au col utérin, même disette du liquide amniotique ; en un mot c'était
une répétition identique. Nous déclarerons même ici, pour
éviter des redites fastidieuses, que toutes les femmes qui ont
accouché d'enfants affectés de pieds-bots, ont présenté les
mêmes circonstances : il n'y en a que quatre exceptées sur
plus de soixante que nous avons déjà eu l'occasion d'observer ;
nous dirons même tout à l'heure comment ces quatre excep-
tions ne sont qu'apparentes et comment on peut les rattacher
au même principe.

Est-il besoin d'entrer dans de longs développements pour
interpréter les symptômes que nous venons d'indiquer? Mais
rien de plus simple. L'absence de l'eau une fois admise, tout
est palpable, tout s'explique de soi-même. Et en effet, pendant les premiers temps de la grossesse, le fœtus, très-petit
relativement à la quantité du liquide qui remplit l'amnios,
nage librement dans la cavité de cette membrane et exécute
des mouvements dans tous les sens ; la mère les perçoit, mais
sans douleurs, parce que le liquide en atténue la force. Alors
aussi les membres du fœtus ne peuvent subir aucune déformation de la part de la matrice, parce que sa pression est ren-
due uniforme et s'exerce également sur tous les points, toujours par l'intermédiaire de ce même liquide. Mais que par
des circonstances particulières et sur la nature desquelles
nous n'avons encore malheureusement aucune donnée pré-
cise, cette atmosphère, dans laquelle l'enfant est plongé,
vienne à diminuer d'une manière notable, oh ! alors les mouvements atteignent directement la matrice et y déterminent
de la douleur ; alors aussi le ventre doit nécessairement être

plus petit. Ajoutons d'un autre côté, comme un fait général, qu'à mesure qu'on approche davantage du terme de la grossesse, non-seulement le fœtus devient plus volumineux, mais encore la quantité du liquide amniotique devient relativement moins considérable ; or, ces deux circonstances concourent à resserrer l'espace dans lequel le fœtus est renfermé, et, par conséquent, donnent d'autant plus prise à l'action compressive de la matrice que la différence sera devenue plus grande. Poursuivons :

Lorsque la poche de l'amnios est remplie d'eau, peu importe que la forme du fœtus diffère de celle de la matrice ; la pression exercée par celle-ci est uniforme et la même sur tous les points. Lorsque l'eau, au contraire, vient à manquer, les résultats sont tout à fait différents : alors, en effet, une pression plus forte doit nécessairement se faire sentir sur les points les plus saillants de l'ovoïde que représente le fœtus, c'est-à-dire à ses deux extrémités. Si donc il se trouve placé verticalement dans la cavité utérine, ainsi que cela a presque toujours lieu, cette pression sera plus forte en haut et en bas, et partant il sera facile de se rendre raison et de la douleur fixe que les femmes ont ressentie vers l'épigastre et du sentiment de pesanteur qu'elles ont accusé vers le col de la matrice. Que si, au contraire, l'enfant est placé en travers, le siége des symptômes doit nécessairement changer. C'est, en effet, ce que nous avons eu l'occasion d'observer chez une femme dont l'enfant présentait le ventre et chez laquelle on fut forcé de faire la version. Cette malheureuse avait eu une gestation extrêmement pénible ; au sixième mois, une douleur fixe se fit sentir au-dessous de chaque hypocondre, et les mouvements du fœtus la rendaient quelquefois si vive, qu'elle arrachait des cris à la mère ; d'autres fois elle provoquait un long évanouissement. Il est à peine utile de rappeler ici que l'enfant

était affecté de deux pieds-bots et qu'il y eut absence à peu
près complète d'eaux, lors de l'accouchement. Pour compléter
cette observation, nous ajouterons que la douleur était bien
plus vive à droite qu'à gauche : nous nous sommes rendu
compte de cette différence, par la situation même du fœtus
dont les pieds répondaient au côté droit. Nous avons constaté en effet, maintes et maintes fois, que le point de la matrice correspondant aux pieds du fœtus était toujours bien
plus douloureux que celui qui touche à la tête ; c'est tout simple, la différence de forme des deux extrémités de l'ovoïde
explique suffisamment la différence des symptômes.

Mais encore une question à poser : Pourquoi les pieds seuls
se trouvent-ils déviés et jamais les mains, ou du moins presque jamais ? quelle est la cause de cette différence ? Elle con-
siste particulièrement, ainsi que M. Cruveilher l'a fait remarquer avec raison, dans la différence même de structure des
organes ; c'est certainement parce que le carpe est composé
d'un plus grand nombre d'os que le tarse ; parce que ces os
sont mobiles les uns sur les autres ; parce que les ligaments
qui les unissent se prêtent plus facilement aux tractions exercées sur eux, et que, par cette raison même, ils reprennent plus
promptement leur situation respective. Disons aussi avec l'auteur que nous venons de citer, et c'est là pour nous la raison
principale, que le carpe n'est pas, comme le tarse, encaissé
dans la facette correspondante de l'avant-bras, comme un
tenon dans une mortaise, et qu'à cause de cela, il ne peut
éprouver, dans sa rangée anti-brachiale, de déformation analogue à celle du pied-bot.

Mais ce n'est pas tout : le membre supérieur situé dans le
sens du petit diamètre de l'ovoïde, là où par conséquent la
pression est presque nulle, se trouve encore protégé par la tête
qui supporte à elle seule tout l'effet de la pression, tandis que

les pieds sont au contraire dans des conditions tout à fait inverses. Nous voyons cependant que M. Cruveilher cite un exemple de renversement de la main en dedans, dans lequel le carpe avait abandonné la cavité radia-carpienne, et nous venons d'observer un cas de flexion très-prononcée de la main sur l'avant-bras, mais sans luxation. (*Voyez* fig. **11.**)

L'absence des eaux de l'amnios étant admise comme cause première du pied-bot, et la pression de la matrice comme cause efficiente, reste maintenant à dire le mécanisme général de la formation des différentes espèces. Voici comment nous le comprenons : la pression produit des résultats variables suivant qu'elle rencontre les pieds dans l'extension ou dans la flexion. Si le pied est dans l'extension, quelque légère qu'elle soit, son extrémité antérieure et son bord externe, en contact avec la matrice, sont poussés en bas et en dedans; c'est le premier effet produit ; la cause continuant d'agir, l'organe en totalité suit l'impulsion donnée et se porte de plus en plus dans l'adduction, et de là la production du pied-bot en dedans (*varus*), (Voyez fig. 2, 3 et 4), qui est, sans contredit, l'espèce qu'on observe le plus souvent. Le pied-bot en dehors (*valgus*) au contraire, qui est assez rare, et que nous n'avons rencontré que trois fois, s'explique également par l'action de la matrice, mais avec cette différence que la cause a commencé à agir sur le pied lorsqu'il était en état de flexion. Nous démontrerons plus tard, en effet, que la flexion et l'abduction sont des mouvements qui coïncident ordinairement. On comprendra donc alors aisément que la matrice poussant toujours l'organe dans ce sens, puisse finir à la longue par porter sa pointe tout à fait en haut et en dehors. (*Voyez* fig. **5.**)

Quant au *pied équin*, nous n'en parlons pas, parce que, comme nous l'avons déjà dit, nous n'en avons pas encore observé de naissance. Au reste, s'il est facile de concevoir sa formation par suite d'une contracture des muscles du mollet ou d'une paralysie de ceux de la partie antérieure de la jambe, on comprendrait difficilement qu'une pression de la matrice fût assez uniforme pour amener un pareil résultat, lorsque, dans cette situation, le pied a par lui-même tant de tendance à se renverser en dedans.

Malgré qu'il résulte de tout ce qui précède que, pour nous, la cause première du pied-bot doit être rapportée à l'absence plus ou moins complète des eaux de l'amnios, parce qu'alors le fœtus n'est plus protégé contre l'action de l'utérus, il ne faut pas conclure que nous pensons que cette déformation existe nécessairement dans tous les cas d'accouchement à sec. Il peut arriver, en effet, que cette absence d'eaux ne soit survenue que pendant les derniers temps de la grossesse et qu'alors le renversement n'ait pas eu le temps de s'effectuer. Nous ne pensons pas davantage qu'il soit impossible qu'un enfant naisse pied-bot, lors même que la mère rend pendant l'accouchement une quantité d'eau considérable ; or, nous ne voyons rien qui empêche d'admettre qu'à telle ou telle époque de la gestation, la sécrétion de ce liquide d'abord suspendue sous l'influence des causes dont nous n'avons pas encore le secret, reprenne plus tard toute son activité par des causes opposées ; dans ce cas, l'enfant pourra venir au monde avec les pieds déviés, parce que la difformité sera formée avant la réapparition du fluide amniotique. Mais alors la cessation de la douleur fixe à l'épigastre et de la pesanteur au col de l'utérus, jointe aux changements brusques qui se sont passés dans le volume du ventre de la mère, auront déjà servi d'avertissement, et loin d'infirmer notre théorie, ne feront au contraire que lui donner une nouvelle force. Il y a plus, c'est qu'un accoucheur, attentif à cette succession de symptômes, pourra souvent à l'avance annoncer le résultat ; en voici un exemple :

Une malade confiée aux soins du docteur Arnal, Mme V...,
ressentit, vers le sixième mois d'une première grossesse, une
douleur au côté droit de l'épigastre. Cette douleur, d'abord
peu vive, allant successivement en augmentant, ne tarda
pas à devenir insupportable à chaque mouvement que faisait l'enfant ; le ventre alors était si petit que cette dame était
persuadée qu'elle s'était trompée sur son état, qu'elle n'était
pas enceinte, et que les symptômes qu'elle éprouvait devaient
plutôt être rapportés à une maladie. On eut beaucoup de peine
à lui persuader le contraire. Cependant, vers le huitième
mois, les douleurs diminuèrent rapidement, cessèrent même
tout à fait et le ventre acquit un volume considérable. Dès les
premiers jours du neuvième mois, les mouvements de l'enfant
ne furent plus perçus, et une fois encore cette dame douta de
sa grossesse, mais les douleurs de l'enfantement ne tardèrent
pas à détruire son erreur ; elle rendit une énorme quantité
d'eaux et elle accoucha d'un enfant mâle affecté d'un double
renversement du pied en dedans, ainsi que nous l'avions
craint en réfléchissant sur les circonstances que nous venons
de signaler.

Pour prévenir tout reproche d'exagération qu'on ne man-
querait pas de nous adresser, et avec raison, nous déclarons
ici que nous sommes loin de penser que l'absence des eaux
de l'amnios soit la cause unique du pied-bot, seulement nous
croyons qu'elle est la plus fréquente. Nous admettrons volontiers avec le professeur *Cruveilher* que, dans certaines situations du fœtus, quelques parties de son corps peuvent
mettre obstacle à la direction naturelle des pieds (*Voyez* fig. 6),
mais nous ne pouvons partager l'opinion de cet habile observateur, quand il avance que c'est constamment ainsi que s'ef-
fectue ce genre de difformité. Nous pourrions citer en effet un
grand nombre de faits directement opposés à sa manière de

voir. Au surplus, nous pourrions peut-être sans trop d'exagération faire rentrer dans notre théorie même les deux cas si
remarquables de pieds-bots rapportés par M. Cruveilher; car
il ne parle pas des eaux rendues par la mère, et dès-lors nous
serions en droit de supposer qu'elles étaient en petite quantité. Il y a plus, on ne comprendrait même pas sans cela que
la difformité eût pu être si considérable; on ne comprendrait
pas que la tête de l'enfant ait pu à elle seule dévier à ce point
les pieds, si la matrice immédiatement appliquée sur elle, ne
l'avait fortement poussée contre eux. Nous pensons donc que
le mode de formation du pied-bot, indiqué par l'auteur dont
nous parlons, loin d'être constant n'est qu'exceptionnel. Voici, du reste, un exemple remarquable de cette difformité qui
ne peut être rapportée simplement à l'absence des eaux de
l'amnios ; nous l'avons observé avec le docteur Baudelocque
neveu. Un enfant naît avec deux pieds-bots en dedans, et cependant sa sortie a été précédée d'un écoulement considérable
d'eaux, et cependant la mère a éprouvé pendant la gestation
une douleur fixe et très-vive au point précédemment désigné!
Eh bien, dans ce cas même, nous ne trouvons rien qui com-
batte notre théorie. C'est qu'en effet l'enfant avait dans la
matrice une position toute particulière, c'est qu'il est né ayant
les membres inférieurs étendus et relevés le long de la partie antérieure du tronc, c'est que ses genoux étaient ankilosés, c'est qu'enfin ses pieds, placés de chaque côté de la tête,
dépassaient celle-ci et avaient supporté une forte pression de
la part de la matrice. On comprend facilement, dans ce cas,
comment l'ankilose, en s'opposant à la flexion de l'articulation
fémoro-tibiale, a dû concourir puissamment à la production
de cette difformité en donnant plus de prise aux efforts qui
agissaient pour renverser les pieds (*Voy.* fig. 7).

Puisque nous sommes sur les causes du pied-bot, autres

que celles produites seulement par l'absence du fluide de l'amnios, nous rapporterons un cas bien plus curieux encore que le précédent. Il servira à donner une idée du degré d'altération auquel peuvent parvenir les organes par influence réciproque et quand ils se trouvent dans des rapports vicieux. L'enfant dont il s'agit (*Voy.* fig. 8), avait les deux jambes dans l'extension et les cuisses fortement fléchies sur le bassin ; les deux pieds répondaient à la face ; le droit, surpris en état de flexion par la joue du même côté, était fortement déjeté en dehors et avait laissé sur elle une empreinte profonde ; le talon avait pénétré dans l'orbite, avait refoulé l'œil en arrière et l'avait tellement comprimé qu'il était beaucoup plus petit que dans l'état normal et comme atrophié. La tête de l'enfant elle-même était fortement renversée sur l'épaule droite et celle-ci affaissée et comme rentrée dans le thorax ; la clavicule était on ne peut plus déformée ; le pied gauche répondait à la joue gauche et, comprimé à son tour par les enveloppes fœtules, il avait été renversé en dedans ; son talon engagé dans l'orbite correspondant avait amené les mêmes désordres qu'au côté droit, si ce n'est que le pied était *varus ;* le nez, pressé entre les deux calcanéums, avait à peine une forme qui pût le faire reconnaître ; enfin la région pariétale gauche de la tête devenue supérieure, par suite de la flexion dont nous avons parlé, n'offrait plus qu'une surface plane et même une légère concavité en arrière. Nous devons avertir pour qu'on soit moins surpris de tant et de si horribles déformations, que cet enfant était le produit d'une grossesse extra-utérine.

Il est d'observation que les enfants jumeaux apportent souvent en naissant quelque difformité dans telle ou telle partie de leur corps et spécialement aux pieds ; or il est facile de se rendre compte de cette particularité : c'est évidemment parce qu'ils sont forcés de se développer dans un petit espace ; c'est qu'ils se gênent mutuellement ; c'est surtout parce que la quantité d'eau contenue dans leur poche respective, est très-peu considérable et ne dépasse pas d'ordinaire celle qu'on trouve dans les grossesses simples.

Nous avons remarqué aussi que les enfants qui sont très-volumineux au moment de leur naissance, non-seulement sont plus souvent affectés de pieds-bots que les autres, mais qu'ils ont encore les jambes arquées en dedans, lors même que d'ailleurs ils ne présentent aucune difformité notable. Eh bien ! ici encore l'explication générale que nous avons donnée, trouve une juste application ; car ce sont toujours les mêmes circonstances qui amènent des résultats analogues : c'est que, d'une part, l'enfant très-volumineux remplit exactement la cavité utérine, et par cela même se trouve plus exposé aux pressions directes ; c'est que, d'autre part, ces pressions s'exercent simultanément sur les genoux et les pieds qui sont les points les plus saillants de l'extrémité correspondante de l'ovoïde, et de là les courbures dont il s'agit. Mais, il faut le dire, cette dernière difformité est généralement peu considérable et ne tarde pas à disparaître par les efforts seuls de la force de développement dont nous avons parlé, à moins cependant que d'autres causes extérieures ne viennent contre-balancer son heureuse influence.

Lorsque nous avons rapporté l'opinion d'*Amb. Paré* sur l'hérédité des pieds-bots, nous l'avons déjà repoussée, quelque respect que nous ayons d'ailleurs pour les travaux consciencieux de ce célèbre chirurgien. C'est qu'en effet il ne donne aucune preuve à l'appui. Nous n'avons jamais eu l'occasion d'observer un seul cas de ce genre, et nous connaissons au contraire deux femmes qui ont cette difformité, et qui cependant ont accouché d'enfants ayant les pieds parfaitement bien conformés. Au reste, il devait nécessairement en être ainsi, à moins qu'elles ne se fussent trouvées dans les conditions que nous avons indiquées, c'est-à-dire qu'elles eussent manqué de liquide amniotique. C'est une preuve de plus que la difformité qui nous occupe ne dépend pas d'un vice général, mais bien d'une cause physique et purement locale ; c'est une preuve de plus en faveur de notre théorie.

Nous ne pouvons pas terminer, Messieurs, sans faire remarquer combien tout ce que nous venons de dire sur l'étiologie du pied-bot congénial, touche de près à la belle théorie que M. *Geoffroy-Saint-Hilaire* a si bien développée sur les monstruosités humaines. Elle y trouverait au besoin une confirmation, si déjà son auteur ne l'avait entourée de toutes les preuves que peuvent fournir et les faits sagement interprétés et le raisonnement quelquefois plus puissant que les faits. Mais, dira-t-on peut-être, ce ne sont certainement pas des brides placentaires qui retiennent le pied et lui font prendre la direction vicieuse qu'il offre dans son renversement en dedans ou en dehors ? C'est vrai ; mais l'auteur de la philosophie anatomique n'a pas seulement parlé des brides placentaires, il a aussi insisté sur l'absence des eaux de l'amnios comme condition première des monstruosités et comme favorisant la formation des adhérences. En outre, voyez quelle coïncidence remarquable existe entre les symptômes qu'il a décrits à l'occasion d'un monstre podencéphale et ceux que nous avons signalés : Joséphine (c'est la mère du podencéphale en question) a éprouvé pendant tout le temps de sa grossesse de grands malaises, des douleurs dans le côté droit et des vomissements fréquemment réitérés ; le ventre était si petit qu'elle en fut très-affectée, au point même de s'attendre à une couche extraordinaire. Du reste, ajoute M. Geoffroy Saint-Hilaire, une coquille de noix, au dire de Joséphine, eût recueilli tout le liquide amniotique qu'elle rendit lors de l'accouchement. Remarquons aussi que, pendant sa grossesse, cette femme s'était livrée aux travaux les plus rudes et qu'elle avait souvent porté de lourds fardeaux. Or, il résulte aussi de nos recherches que la plupart des femmes qui ont accouché d'enfants affectés de pieds-bots, s'étaient trouvées ordinairement dans des circonstances analogues. Nous avons également remarqué qu'il en était de même pour les femmes qui s'efforcent, par des pressions inconsidérées, de cacher leur grossesse, et ainsi pour celles qui, dans le but de maintenir le plus longtemps possible leur taille dans ses dimensions primitives, ont recours au même moyen. C'est ainsi que la nature, qui rarement laisse violer ses lois, sait les punir sans distinction : les unes, des tentatives dangereuses de leur trop tardive pudeur; les autres, d'une coquetterie plus condamnable encore.

Au reste, nous pourrions citer un exemple de déformation du pied qu'il nous paraît impossible d'expliquer autrement que par des brides placentaires. Voyez, en effet, un enfant que nous avons eu l'occasion d'examiner avec M. le professeur Cloquet, indépendamment d'un arrêt de développement aux pieds, présentait trois sillons profonds à la jambe droite. L'un d'eux était situé à la partie supérieure, le second à la réunion du tiers inférieur avec les deux tiers supérieurs, et le troisième au niveau de l'articulation tibio-tarsienne. Cette observation semble au premier coup d'œil identique avec celle dont nous avons déjà parlé page 20; elle en diffère pourtant d'une manière essentielle. Chez l'enfant dont nous venons de parler, les sillons formaient chacun un cercle entier et se trouvaient complétement isolés les uns des autres, tandis que dans la première observation, ils étaient disposés en spirale. Or, on comprend très-bien que l'enroulement du cordon ombilical autour du membre ait pu produire ce dernier résultat;

mais il est impossible qu'il ait pu former les trois cercles complets et isolés dont nous venons de parler; car il y aurait eu nécessairement une dépression intermédiaire à chacun d'eux, et pourtant cette dépression manquait. Il faut, pour expliquer leur formation, chercher autre chose que l'action du cordon. Eh bien! il ne répugne nullement d'admettre que chacun d'eux est le résultat de l'action d'une bride placentaire qui aura produit un étranglement circulaire ; que, par suite de cet étranglement, la circulation aura été gênée, comme dans le cas d'enroulement du cordon, et que de là sera résulté l'arrêt de développement des pieds. Que si l'on objecte que ce n'est là qu'une hypothèse, et qu'à l'accouchement on n'a trouvé aucune trace de ces brides, nous répondrons d'abord que l'explication, d'après les recherches de M. Geoffroy Saint-Hilaire, paraît tout au moins probable, et que si l'on n'a pas trouvé les débris des brides placentaires, c'est qu'elles auront été rompues aussitôt que les forces du fœtus lui auront permis d'exécuter des mouvements un peu énergiques, et que la résorption s'en sera ensuite emparée. Au reste, ce n'est que faute d'une explication péremptoire que nous nous sommes arrêté à celle-là, et nous sommes tout prêt à l'abandonner, si l'on nous en donne une autre plus probable et plus rationnelle. (*Voyez* fig. 10.)

Chaussier nous a appris que sur 23,293 enfants de tous sexes reçus à la Maternité dans l'espace de cinq ans, 132 étaient affectés de difformités quelconques, et que parmi ce nombre, 37 seulement présentaient un renversement du pied dans un sens ou dans l'autre. Il résulte donc de ce renseignement que sur 629 enfants, un seul naît pied-bot.

D'après M. Bouvier, sur 80 cas de pieds-bots congéniaux recueillis dans les auteurs et dans sa clientèle particulière, les 2⁄5 étaient doubles ; 1⁄3 siégeait au pied gauche et 1⁄4 au droit. Sur 60, les 3|5 ont été observés sur des garçons, et les deux autres cinquièmes sur des filles.

Quoique le résultat de nos propres observations se rapproche de celui de notre honorable confrère sous quelques rapports, il offre cependant des différences assez notables pour que nous croyions nécessaire de les faire connaître. Ainsi sur 61 cas, 26 étaient doubles et 35 simples ; parmi ceux-ci 18 existaient au pied droit et 17 au pied gauche. Relativement au sexe : 45 appartenaient à des garçons et 16 à des filles.

Nous devons donc conclure de nos chiffres, en opposition à ceux de M. Bouvier, que la déviation du pied droit, loin d'être moins fréquente que celle du pied gauche, l'emporte au contraire un peu sur elle, et que la proportion des garçons aux filles est un peu plus forte en faveur des premiers. Cette dernière particularité s'explique du reste facilement dans notre système ; c'est uniquement parce que les garçons sont généralement plus volumineux que les filles, et que pour cela même ils sont plus exposés, toutes choses égales d'ailleurs, à être pressés par la matrice.

En résumé, nous croyons, Messieurs, avoir démontré dans ce mémoire :

1° Que les opinions diverses qui ont été émises par les auteurs sur la cause du pied-bot congénial, sont pour la plupart contradictoires et sans fondement ;

2° Que la condition première de sa formation est une absence plus ou moins complète des eaux de l'amnios ;

3° Que conséquemment à cette absence, la matrice, en pressant directement sous les pieds, devient la cause efficiente de leur renversement, et que, pour que celui-ci ait lieu, il est nécessaire qu'il y ait coïncidence dans ces deux causes ;

4° Que les déviations produites par quelques obstacles apportés directement sur les pieds du fœtus par les autres parties de son corps, par exemple, le menton, comme dans les observations citées par M. Cruveilher, peuvent être encore rattachées à l'explication que nous avons donnée ;

5° Que l'absence des eaux de l'amnios et le pied-bot qui en est la suite, s'annoncent pendant les derniers mois de la gestation par des symptômes particuliers qu'il est toujours facile d'apprécier ;

6° Que toutes les variétés du pied-bot peuvent rentrer dans la théorie de l'arrêt de développement, sinon, comme représentant en réalité un état normal à quelque époque de la vie intra-utérine, du moins par la disposition de toutes les parties constituantes du pied qui offrent toujours uue gracilité remarquable et une sorte d'atrophie ;

7° Enfin, que si, d'une autre côté, la théorie de monstruosités par des brides placentaires ne peut s'appliquer complétement et dans tous les cas au renversement dont il s'agit, il y a cependant cela de commun que l'absence des eaux de l'amnios est une condition nécessaire dans l'un et l'autre cas.

RAPPORT

FAIT PAR MM. CRUVEILHER, BRESCHET ET VILLENEUVE.

MESSIEURS,

Vous nous avez chargés, MM. Breschet, Villeneuve et moi, de vous faire un rapport sur un travail de M. Ferdinand Martin, chirurgien-orthopédiste, ayant pour titre *Mémoire sur l'étiologie du pied-bot ;* c'est ce rapport que je vais avoir l'honneur de vous soumettre au nom de votre commission.

Telle est, Messieurs, la connexion intime qui existe entre la pratique et la théorie, entre les faits et les idées, qu'il est bien difficile que l'esprit s'arrête dans la contemplation pure et simple des phénomènes isolés, et qu'un lien commun ou une théorie ne surgisse pas à notre insu de leur rapprochement.

Cette vérité, Messieurs, trouve son application dans le travail dont je suis chargé de vous présenter l'analyse critique. C'est en s'occupant d'appareils propres à remédier à la difformité connue sous le nom de pied-bot, que M. Ferdinand Martin, que vous ne connaissez encore que par les inventions ingénieuses dont il a enrichi l'art de l'orthopédie, a été conduit, sur le mécanisme de la production du pied-bot, à une théorie, sinon inattaquable, au moins bien plus probable, bien plus satisfaisante que celles qui sont généralement adoptées : cette théorie, c'est la pression exercée contre le fœtus par les contractions utérines, en raison de l'absence plus ou moins complète du liquide amniotique.

Voici, d'ailleurs, la manière dont M. Martin raconte que sa conviction s'est formée à cet égard :

Un enfant qui venait de naître avec deux pieds-bots en dedans lui ayant été adressé par Dupuytren, M. Martin fut frappé de voir cet enfant se pelotonner spontanément et donner à son corps la forme ovoïde qu'il avait affectée dans la cavité de l'utérus : les cuisses se fléchirent sur le bassin, les jambes sur les cuisses, et les pieds vinrent d'eux-mêmes s'appliquer contre les fesses et se croiser incomplétement l'un sur l'autre dans l'attitude du pied-bot : ce pelotonnement spontané n'était-il pas la nature prise sur le fait dans la production du pied-bot? Le mécanisme de cette déformation lui apparut comme un trait de lumière : évidemment le pied-bot était le résultat d'une pression directe exercée par l'utérus sur l'extrémité pelvienne du fœtus; mais cette pression supposait nécessairement l'absence plus ou moins complète des eaux de l'amnios. Et, en effet, l'accouchée avait eu un ventre peu volumineux pendant tout le cours de la grossesse; à dater du sixième mois, elle avait ressenti une douleur fixe vers la région épigastrique et une pesanteur continuelle vers le col de l'utérus : chaque mouvement de l'enfant lui faisait éprouver une sensation pénible; et c'est à peine si, au moment de l'accouchement, il s'était écoulé deux cuillerées de liquide.

Dans l'observation dont je viens de présenter le résumé, l'enfant était né avec deux pieds-bots; mais, dans un grand nombre de cas, il n'y a qu'un seul pied-bot : pourquoi cette espèce de choix lorsque toutes les circonstances paraissent identiques pour les deux pieds? Le raisonnement disait qu'il pouvait se faire que l'un des pieds échappât par une position particulière à la compression utérine; mais dans les sciences de faits, le raisonnement doit toujours recevoir la sanction de l'expérience; or, la preuve directe ne tarda pas à se présenter. Un enfant naquit avec un seul pied-bot, du côté droit, et fut présenté à M. Martin le deuxième jour de sa naissance; dégagé de ses langes et abandonné à la spontanéité de ses mouvements, l'enfant se pelotonna et prit la position qu'il avait dans la matrice. On vit alors la jambe droite se placer, en la croisant, au-devant de la jambe gauche ; on comprit que le pied gauche n'avait pas pu être déformé, car son talon reposait en plein sur la fesse droite ; tandis que le pied droit, placé au-devant du pied gauche et son calcanéum reposant à faux sur la face dorsale de celui-ci, au niveau du cuboïde, avait dû supporter seul l'effet des contractions de l'utérus.

Les renseignements pris auprès de la mère donnèrent les mêmes résultats que pour le cas précédent : même défaut de développement de l'abdomen, même douleur épigastrique, même sentiment de pesanteur au col utérin pendant les derniers mois de la grossesse, même disette du liquide amniotique.

Dans tous les cas de pieds-bots congéniaux qui se sont présentés à **M.** Martin depuis cette époque (et le nombre s'élève à **60**), il a observé les mêmes phénomènes, excepté dans quatre observations ; encore, dans ces quatre cas exceptionnels, M. Martin admet-il que l'exception n'est qu'apparente.

L'absence plus ou moins complète des eaux de l'amnios une fois admise comme cause première du pied-bot, et la pression de la matrice comme cause efficiente, le pied-bot et ses variétés s'expliquent de la manière la plus satisfaisante ; si la pression rencontre les pieds dans l'extension et l'abduction, double mouvement qui coïncide presque toujours, le pied-bot aura lieu en dedans (*varus*), c'est le cas le plus ordinaire ; si le pied, au contraire, est pressé dans le sens de la flexion et dans l'abduction, le pied-bot aura lieu en dehors (*valgus*). On conçoit que la pression, s'exerçant sur le pied porté dans l'extension, aura pour résultat le *pied équin*, vice de conformation que M. Martin croit à tort n'être jamais congénial.

Voilà, Messieurs, la substance du Mémoire de M. Martin, dont la conclusion générale peut se résumer en ces termes : Le vice de conformation, connu sous le nom de pied-bot, est le résultat de la pénurie des eaux de l'amnios et consécutivement de la pression directe exercée par l'utérus sur l'extrémité pelvienne du fœtus.

Mais M. Martin a voulu aller plus loin et mettre, pour ainsi dire, sa doctrine sous le patronage de quelques-unes des théories scientifiques qui sont en possession de rallier de nos jours la majorité des savants ; et je dois dire qu'il a été malheureux dans le choix qu'il a fait d'une théorie générale, lorsqu'il veut rattacher le pied-bot à l'arrêt de développement. Qu'est-ce donc que la théorie de l'arrêt de développement appliquée au pied-bot ? Certes, l'auteur n'a pas voulu dire qu'à une époque quelconque de la vie intra-utérine, le fœtus présente normalement la conformation connue sous le nom de pied-bot ; une pareille proposition ne serait pas soutenable ; mais il a voulu dire, et il a dit en effet, que sous l'influence de la pression exercée par l'utérus sur les pieds du fœtus, ces organes conservaient une gracilité remarquable, qui appartient à une époque moins avancée de la grossesse : il s'ensuivrait que l'arrêt de développement du pied-bot ne serait autre chose qu'une atrophie ; que cet arrêt de développement, au lieu de dominer toutes les causes, serait dominé par elles ; qu'il serait effet et non cause, effet de la diminution des eaux de l'amnios et de la pression exercée par l'utérus. J'avoue que je ne comprends plus la théorie de l'arrêt de développement réduite à de pareilles proportions.

Qu'il me soit permis de le dire, on a étrangement abusé dans ces derniers temps de l'arrêt de développement pour expliquer les vices de conformation et les monstruosités ; cet arrêt de développement rend un compte on ne peut plus satisfaisant de quelques-uns de ces vices de conformation : par exemple de la persistance du trou de batal, de la position du testicule dans l'abdomen ; il s'en faut bien qu'elle puisse légitimement s'appliquer à tous les cas dans lesquels on l'a fait intervenir : ainsi le bec-de-lièvre simple ou double n'est jamais un arrêt de développement ; car, à aucune époque de la vie fœtale, la lèvre, la mâchoire supérieure, le voile du palais du fœtus ne présentent la division simple ou multiple qui constitue ce vice de conformation ; ainsi les hernies ombilicales congéniales ne sont pas des arrêts de développement ; car à aucune époque de la vie fœtale, à moins de vice de conformation, les intestins ne sont logés hors de l'abdomen.

Mais je reviens à mon sujet. Plusieurs objections directes peuvent être faites à la théorie de M. Martin sur le pied-bot, voici les principales :

1° Est-il bien constaté que dans tous les cas de pied-bot il y a eu pénurie des eaux de l'amnios ?

N'a-t-on pas constaté au contraire que, dans un grand nombre d'accouchements à sec, comme on le dit, les enfants sont venus parfaitement conformés, tandis qu'on a vu des pieds-bots entourés d'une grande quantité de liquide amniotique ?

En vain M. Martin, qui a prévu l'objection, cherche-t-il à la rétorquer en disant que dans l'accouchement à sec sans pied-bot, il peut très-bien se faire que l'absence du fluide amniotique n'ait eu lieu que vers la fin de la gestation et qu'alors le renversement n'ait pas eu le temps de se faire ; de même que la coïncidence de la présence d'une grande quantité d'eau avec un fœtus pied-bot serait expliquée par la pénurie des eaux dans les premiers temps et par une sécrétion très-abondante dans les derniers temps de la grossesse, alors que le renversement du pied était effectué : en vain, M. Martin cite-t-il à l'appui de cette manière de voir un fait qui lui paraît très-probant, nous ne pouvons voir dans ce raisonnement qu'un subterfuge de l'esprit et non la réfutation sérieuse d'un argument qui subsiste dans toute sa force.

Je continue les objections :

2° Est-il bien constaté que les jumeaux apportent plus souvent que les autres enfants des vices de conformation et spécialement des pieds-bots, parce qu'ils sont forcés de se développer dans un petit espace et que la quantité d'eau contenue dans l'utérus pour les deux œufs réunis, ne dépasse pas notablement la quantité d'eau qu'on rencontre dans la grossesse ordinaire ?

3° Est-il vrai que les enfants qui sont très-volumineux au moment de leur naissance, non-seulement sont plus souvent affectés de pieds-bots, mais que lors même qu'ils sont bien conformés, ils présentent les jambes fortement arquées en dedans, disposition qui semble le premier degré du pied-bot?

4° Est-il vrai que le nombre de garçons affectés de pieds-bots soit plus considérable que celui des filles, et que cette différence tienne à ce que les garçons sont généralement plus volumineux que les filles, toutes choses égales d'ailleurs?

5° Est-il bien constaté que les femmes qui cherchent à cacher une grossesse illicite à l'aide de pressions considérables exercées sur l'abdomen, ou celles qui par une coquetterie coupable veulent maintenir leur taille pendant la grossesse, donnent bien plus souvent naissance à des enfants pieds-bots que les femmes qui se trouvent dans les conditions ordinaires ?

Voilà des questions que M. Martin résout par l'affirmative, mais sans donner à l'appui les éléments de sa conviction.

Ces objections, Messieurs, sont tellement graves qu'elles ont constamment arrêté les hommes de l'art qui ont eu la même idée que M. Martin et qui se sont contentés de la présenter comme une simple assertion ou une hypothèse. Ces objections

ont également arrêté le rapporteur de votre commission qui, dans un travail sur le même sujet, n'a fait que glisser légèrement sur la diminution des eaux de l'amnios comme cause du pied-bot, pour chercher dans l'attitude du fœtus la cause d'un vice de conformation de cette espèce qu'il avait sous les yeux. Vous me pardonnerez de citer ici le passage extrait de l'anatomie-pathologique du pied-bot; car il fera mieux ressortir qu'il était le point de départ de M. Martin. « Si l'on jette les yeux sur la figure 1, planche 2 (1), on sera
» convaincu beaucoup mieux que par tous les raisonnements,
» que le pied-bot tient à une cause mécanique, à une position
» défectueuse, à une compression qui ne permet pas au
» membre dévié de se développer dans la direction qui lui est
» naturelle. Mais quelle est la cause comprimante? est-elle
» dans l'utérus lui-même? est-elle dans quelque agent exté-
» rieur qui exercerait sur le fœtus une pression médiate? Il
» semble, au premier abord, que dans le cas *où les eaux de*
» *de l'amnios sont peu abondantes, l'utérus puisse, par ses con-*
» *tractions toniques et actives, agir d'une manière fâcheuse sur*
» *une ou plusieurs parties du fœtus.* Mais, d'une part, on a vu
» des pieds-bots naître au milieu d'un flot de liquide très-con-
» sidérable (j'ai recueilli dans ma pratique particulière un fait
» de ce genre extrêmement probant); d'une autre part, qui n'a
» eu occasion de voir un grand nombre d'enfants parfaitement
» bien conformés venir pour ainsi dire à sec? Quant aux in-
» fluences extérieures, tel est le mécanisme du liquide de
» l'amnios, que le fœtus ne saurait éprouver aucun dommage
» par les chocs et compressions, à moins de rupture de la po-
» che des eaux, lors même qu'il ne serait entouré que par une
» petite quantité de liquide. C'est ainsi qu'on voit tous les jours

(1) *Anatomie pathologique du corps humain,* 2ᵉ liv. in-fol., p. 2, 3, 4.

» des enfants parfaitement conformés , naître de femmes qui
» avaient reçu dans le cours de la gestation des coups violents
» sur l'abdomen, ou qui, pour cacher une grossesse illicite,
» avaient exercé sur cette cavité une pression considérable et
» permanente. Mais si la déviation ne peut être expliquée ni
» par l'utérus lui-même, ni par les agents extérieurs, où sera
» donc la cause comprimante? La figure 1 le dit (1) : cette
» cause est dans le fœtus, qui devient pour nous une ou plu-
» sieurs parties de lui-même un corps résistant, inflexible :
» Ainsi, dans le cas actuel, les jambes, au lieu d'être fléchies
» en arrière sur les cuisses, sont restées étendues et appliquées
» sur la région antérieure du tronc ; il en est résulté que les
» pieds, arc-boutés sous le menton, ont dû se renverser en de-
» dans sur le tibia. De là, le pied-bot ; mais la compression
» n'ayant pas été la même sur les deux pieds, la difformité
» lui est exactement proportionnelle. Ainsi le pied droit est
» plus renversé que le pied gauche ; bien plus, il est atrophié.
» La jambe droite est plus courte que la gauche ; elle est aussi
» moins volumineuse. Enfin, l'articulation du genou, du
» même côté, n'ayant pu se fléchir en arrière, s'est fléchie en
» avant, dans le sens de l'extension, d'où un diastolis congé-
» nial. Voyez encore les deux mains renversées sur le bord ra-
» dial des avant-bras, comprimées entre les jambes et les
» avant-bras, et présentant exactement l'aspect des pieds-
» bots. Ici, même observation que pour les pieds ; l'inégalité
» de compression a entraîné l'inégalité dans les effets. Il y a
» une absence complète du pouce, du premier métacarpien
» et du trapèze du côté droit ; intégrité parfaite de tous les
» os de la main gauche. »

Telle est, Messieurs, la manière dont le rapporteur de votre

(1) Voyez fig. 1re.

commission avait envisagé le mécanisme de la production du pied-bot. La compression exercée par l'utérus sur le produit de la conception, même en admettant l'absence plus ou moins complète des eaux de l'amnios, même en admettant des violences et des constrictions extérieures, ne lui paraissait pas suffisante pour expliquer la déviation du pied-bot ; il fut conduit par deux faits particuliers, auxquels il pourrait en ajouter un troisième, à considérer comme cause efficiente de cette difformité une attitude du fœtus telle, qu'il devienne par une ou plusieurs parties de lui-même, un corps résistant propre à maintenir ces parties dans une direction vicieuse.

Ces deux faits bien positifs, et deux faits du même genre que l'auteur du mémoire rapporte avec détail, ont conduit M. Martin à apporter quelques restrictions dans sa théorie, et à admettre que l'absence des eaux de l'amnios n'est pas l'unique cause du pied-bot, et que dans certaines situations du fœtus, quelques parties de son corps, le menton, la tête, peuvent mettre obstacle à la direction naturelle des pieds. Cependant il croit pouvoir faire rentrer ces cas exceptionnels eux-mêmes dans sa théorie, bien que dans l'un d'eux une grande quantité d'eau se soit écoulée ; attendu, dit-il, que dans la position forcée où l'enfant se trouvait, les jambes étendues au-devant du tronc et les pieds débordant la tête, la matrice pouvait presser directement sur les extrémités de l'ovoïde très-allongé qu'ils représentaient.

Ce que je viens de vous dire, Messieurs, suffit pour faire apprécier le mérite et l'importance du travail de M. Martin : vous le voyez, grâce aux travaux des observateurs modernes et surtout de M. Geoffroy St-Hilaire, nous sommes bien loin de l'époque où les vices de conformation, et le pied-bot en particulier, étaient rapportés à l'imagination de la mère ou à une conformation primitivement défectueuse des germes. Le

point important était d'affranchir la théorie du pied-bot de
toutes ces causes occultes, métaphysiques, qui ont exercé une
si fatale influence sur les diverses branches de l'art de guérir :
le point important, c'était d'établir que le pied-bot tenait à
une cause mécanique, à une pression exercée sur les pieds
de l'enfant. Maintenant que cette pression tienne à l'absence
plus ou moins complète des eaux de l'amnios, à des contractions exercées sur l'abdomen de la mère, à une attitude vicieuse, peu importe ; la théorie est toujours la même quant
au fond. Les faits particuliers viendront ensuite pour en donner le complément. Eh bien ! malgré les justes objections
que votre commission a faites à la théorie de M. Martin, cette
théorie lui paraît sinon mathématiquement démontrée, au
moins infiniment plausible et pouvant s'appliquer à la grande
majorité des cas. L'attitude vicieuse du fœtus lui paraît pouvoir seule rendre compte d'un certain nombre de faits ; mais
on conçoit que si l'attitude vicieuse coïncide avec l'absence
des eaux de l'amnios, la pression sera bien plus efficace. Ainsi
se trouve réfutée la théorie de Duverney, réhabilitée par Delpech, qui considérait le raccourcissement originaire des muscles et des ligaments comme la cause première du pied-bot, et
cette opinion assez singulière de Delpech, qui a avancé que tout
pied-bot avait commencé par être pied équin. La déviation
des muscles et des ligaments est bien évidemment dominée par
la déviation des os, ainsi que l'a parfaitement établi Scarpa ;
nous ajouterons que cette déviation des os est dominée
par une pression extérieure : ainsi le traitement du pied-bot
doit se borner à redresser des parties accidentellement déviées,
à les redresser immédiatement après la naissance ; car plus
on attendra, plus il sera difficile de rendre les formes normales aux os déformés par une attitude vicieuse longtemps
continuée. Ainsi, théoriquement parlant, il n'y a rien à *di-*

viser pour la curation du pied-bot ; il n'y a qu'à *redresser*, et, le redressement une fois commencé, les muscles rendus à leur direction naturelle par rapport aux os, compléteront le rétablissement du membre. Donc, théoriquement parlant, la section du tendon d'Achille n'est nullement indiquée dans le pied-bot en général.

Votre commission pense que bien que l'idée que M. Martin a émise sur la cause de la production du pied-bot, savoir l'absence plus ou moins complète des eaux de l'amnios, ne soit pas nouvelle, elle n'en appartient pas moins à M. Martin.

Car le véritable inventeur n'est pas celui qui émet vaguement une idée sans la rattacher à rien, sans en faire ressortir l'importance ; en ce sens, toutes ou presque toutes les découvertes auraient été faites.

L'inventeur est celui qui exhume une idée ancienne, mais oubliée, tout aussi bien que celui qui proclame une idée nouvelle, qui la met en relief, et montre sa corrélation avec un certain nombre de faits qu'il lui subordonne, et à ce titre, M. Martin a tout l'honneur de l'invention.

Son mémoire est d'ailleurs le fait d'un homme consciencieux. On voit que l'auteur a marché pas à pas à la suite des faits ; que, timide d'abord, sa conviction n'est devenue pleine et entière que lorsqu'elle a été, pour ainsi dire, subjuguée par l'évidence des faits. L'histoire de la science relativement à son sujet : les idées d'Hippocrate, de Paré, de Dionis, de Duverney, de Desbordeaux, de Scarpa, de Divernois, de Delpech, de Chaussier et autres sont rapportées avec exactitude, réfutées avec franchise ; mais avec cette mesure qui va si bien aux discussions scientifiques et qui ne lui ôte rien de ses avantages.

Un fait piquant qui ressort de cet aperçu historique, c'est que la doctrine d'Hippocrate est celle qui se rapproche le plus de la vérité, ou, si l'on veut, des théories modernes, et plus particulièrement de celle de M. Martin. Je ne puis résister au plaisir de citer ce passage, dont les termes sont tellement clairs qu'il n'a nullement besoin pour être compris, de l'interprétation des commentateurs (Ed. de Foës, tom. II, art. *de la Génération*) : « Il y a encore une manière dont les enfants » sont mutilés, c'est lorsque *la matrice est trop étroite ;* les » mouvements de l'enfant, qui est fort tendre, se passant dans » un lieu où il est trop serré, il faut bien que les membres » s'y mutilent. Il en est ainsi des racines qui viennent dans la » terre ; quand il n'y a pas assez de fond ou qu'elles rencon-» trent quelques pierres ou tout autre corps dur, ne devien-» nent-elles pas toutes tortueuses, grosses dans un endroit, » minces dans l'autre ? Eh bien ! il en arrive de même au fœ-» tus dans la matrice, si quelque partie de son corps se trouve » plus serrée que l'autre. »

Je conclus, en proposant à l'Académie, au nom de la commission, d'accueillir avec faveur le travail de M. Ferdinand Martin, de lui adresser des remercîments et de l'encourager dans ses travaux.

BRESCHET, VILLENEUVE,
CRUVEILHER, rapporteur.

EXPLICATION DES FIGURES.

FIGURE 1. Position normale du fœtus dans la matrice.

FIGURE 2. Position normale du fœtus favorisant le développement de deux pieds-bots en dedans (*vari*).

FIGURE 3. Même sujet vu de profil.

FIGURE 4. Position normale favorisant le développement d'un seul pied-bot en dedans (*varus*).

FIGURE 5. Position normale favorisant le développement du pied-bot en dehors (*valgus*).

FIGURE 6. Fœtus pieds-bots et mains-bots, d'après M. le professeur Cruveilher.

FIGURE 7. Fœtus ayant les membres inférieurs ankilosés, les pieds dépassant le sommet de la tête et pieds-bots (*vari*).

FIGURE 8. Fœtus ayant les jambes dans l'extension, les pieds arc-boutés sur les orbites et pieds-bots, l'un *varus* et l'autre *valgus*.

FIGURE 8 *bis*. Le même sujet vu la tête relevée par une érigne.

FIGURE 9. Fœtus pieds-bots, avec arrêt de développement aux orteils et aux doigts, occasionné par un enroulement du cordon ombilical autour de la jambe.

FIGURE 9 *bis*. Le même sujet observé, avec M. Blandin, à l'âge de 22 mois.

FIGURE 10. Pied-bot présentant des constrictions circulaires autour de la jambe, déterminées probablement par des brides-placentaires.

FIGURE 11. Fœtus pieds-bots et présentant une flexion exagérée du poignet.

www.ingramcontent.com/pod-product-compliance
Lightning Source LLC
Chambersburg PA
CBHW061237030726
47595CB00004B/1582